時 空 之 樹

狼　　跋 著
采　　言繪畫
William Bridges 譯著

文 史 哲 詩 叢
文史哲出版社印行

國家圖書館出版品預行編目資料

時空之樹 / 狼跋著, 釆言繪畫, William Bridges
譯著 --初版 --臺北市：文史哲,
民 100.09 頁;
公分（文史哲詩叢；99）
ISBN 978-957-549-982-2（平裝）

851.486   100013455

文 史 哲 詩 叢 99

時 空 之 樹

著　　　者：狼　　　　　　　　跋
繪　畫　者：釆　　　　　　　　言
譯　著　者：Ｗｉｌｌｉａｍ　Ｂｒｉｄｇｅｓ
出　版　者：文　史　哲　出　版　社
　　　　　　http://www.lapen.com.tw
　　　　　　e-mail：lapen@ms74.hinet.net
登記證字號：行政院新聞局版臺業字五三三七號
發　行　人：彭　　　正　　　雄
發　行　所：文　史　哲　出　版　社
印　刷　者：文　史　哲　出　版　社
　　　　　　臺北市羅斯福路一段七十二巷四號
　　　　　　郵政劃撥帳號：一六一八〇一七五
　　　　　　電話886-2-23511028・傳真886-2-23965656

定價新臺幣四五〇元

中 華 民 國 一 百 年（2011）九 月 初 版

時 空 之 樹

目　　次

祝福與期盼

── 序狼跋詩集《時空之樹》出版

台　客

　　詩人狼跋終於要出版詩集了，這個消息無疑是令人高興的。

　　在台灣詩壇上大概認識詩人狼跋者不多，這和他一向行事低調，不擅於宣揚自己有關。寫詩，對他來說只是傾吐心中的塊壘，至於詩寫成之後有機會則發表，沒機會則自行賞玩。如此十數年下來，居然也累積了一定的數量。去年（2010）他的美國友人 Willam Bridges 在美國為他們的二十餘首詩作翻譯，出版了一本詩集《MIRROR IMAGES》。他頗受鼓舞，遂決定以此書為基礎，再加上自己一些其他作品，擴大結集出版一本中文詩集。這就是此書出版的緣起，我們恭喜他！

　　收集在這本詩集的詩作共七十二首，英譯詩十七首，又以詩的類別分成五輯。仔細閱讀，妳可以發現狼跋的興趣與才華是多方面的，無論是電影、人文、藝術、時事等方面，他都能有感而賦詩。當然，這或許和他服務於政府單位多年，視野較一般人廣闊有關吧！

　　以下試引他詩中的片斷，並稍稍抒發自己粗淺的看法。

「戰鼓隆隆　長江滾滾／驚濤裂岸　天地變色／曹
操百萬之師浩浩蕩蕩勢難擋／孔明周瑜聯手以智取
／相抗赤壁」

這首詩是書中『三國演義組詩』其中一首的一部份，令
人讀了心血沸騰。看不出狼跋一個弱小的人，也能寫出如此
大題材大氣魄的詩呢！

「似是四分音符／又像八分音符／輕巧巧的跳落到
翠綠的／竹葉上／一會兒十六分音符／八分休止符
／還有一長串的連音／從那竹梢上／一路滑下來／
敲動每片葉子／點動每個葉尖／於是／整片竹林
傳出悠美的／舒伯特小夜曲／在雨中」〈雨　竹〉

這首詩描寫雨中竹林的景象，用的譬喻十分貼切，令人
讀完全詩，好像也聽完一曲舒伯特小夜曲般，餘韻未盡，繞
樑不絕。

雙面繡出雙世界	突破刺繡高難度
此面本是越溪女	素衣綠裳清純秀
轉看已為吳宮妃	蛾眉清蹙燭映紅
透明薄綃巧工藝	上山虎嘯震群峰
翻面幻化下山獅	松風竹影來相送

這是狼跋在〈雙面繡〉一詩中的其中一段，他以類似七
言絕句的方式，來表達雙面繡之美，描述精彩，讓人彷彿看
到古典、絕美的雙面繡就擺在眼前般。由此也證明狼跋在古
典詩方面的造詣，絕非一般。

本書中的第四輯「交擊之歌」，是狼跋翻譯他的忘年之
交老美 Willam Bridges 的英詩，以及那位老美翻譯狼跋的中
文詩作，集合而成。仔細展讀，狼跋的英譯，雖然尚未達到

信、達、雅的地步，但至少這些詩作留下了他們那段跨國友誼的證明，十足可貴。

　　本書中還有很多精美的插畫，這些都是出自狼跋的姊姊釆言之手。一對才女，聯合出擊，既顯姊妹情深，也讓人同時見到他們不同方面的才華。

　　當然，本書中筆者感覺狼跋的詩尚有很多不足之處。像文字的凝練、意象的經營、詩的結構處理等等，都有很多可議空間。這是狼跋的第一本詩集，我們不能苛責他太多。期盼他在不遠的將來，為我們捧出更多更好的詩篇、詩集。

　　是為序。

2011 年 6 月 6 日詩人節完稿

努力與堅持

張　潔

　　詩寫太白就了無詩意，跳躍太多或轉了好幾轉，就會不知所云，致使很多愛好文藝的朋友，不敢嘗試。

　　聽到狼跋決定要出詩集，真是佩服其勇氣可佳，也為他高興，加上詩集中要配上他那藝術家味道極為濃烈之姊姊的畫，令人頗為期待。

　　於是狼跋將一大落詩畫交到手上時，很驚訝原來竟有那麼多！而且詩題多彩多樣，甚至還有古詩，不禁莞爾，非常有趣。可惜那些古詩不得不刪除在外，因為調性不同，只能成為遺珠之憾，就這樣經過再三詠嘆，書編成。

　　台客先生說「祝福與期盼」，沒錯，寫詩是一條寂寞孤獨的漫漫長路，必須努力與堅持，在此祝願狼跋今後在路上品嘗更多美妙滋味，看到更多的人生風景，再將它化成繆思的語言，與大家分享。

自　序

狼　跋

　　等這一天，等到昏天暗地、頭髮白了、眼都花了，但－還是值得，因爲我終於要出一本屬於自己的詩集了！其實也不全是我自己的，也有部分是我美國詩友 William Bridges 的，及我們互相翻譯的詩。

　　是在國中二年級吧？我那時很喜歡唐詩，因此就不自量力的寫了幾首，沒有押韻、沒有平仄，就是不像五言絕句的現代五言絕句。那時我會把我的詩寫在週記上，老師就批註：「沒有押韻不算詩。」然後她會在作文課上，講古詩的寫法。

　　國中時寫詩，因古詩寫不好，就改寫新詩；高中時，開始寫散文、小說。前幾年看到大陸大學測試，有人寫了首長詩，結果不但高中，還傳爲美談。這則新聞讓我感觸良多，因猶記得在高中時，那時看不慣自己同胞崇洋的模樣，忍不住在作文課時（因題目是自訂），就寫了一首長詩，大大諷刺一番那些崇洋的人。結果我自己很滿意，同學看了哈哈笑，老師分數打得極低，還當堂把我訓示一番，唉！真是時不我予。

　　不過在民國 83 年時，高雄市政府首度舉辦「愛河尋夢」新詩徵選比賽，我本來是抱著拿小獎的心態，寫「愛河戀曲」去參加比賽，不意竟獲得優等獎（當時最高獎項從缺，其次

優等獎五名），讓我欣喜萬分，因為這也算是對我新詩創作的一種肯定。

在這本詩集中，有些是我翻譯的英詩，也許很多人會誤以為我是英文高手，事實上，恰恰是相反的。因為說到英文，我就頭痛，其實我的英文是超破的。中學時，英文幾次不及格，但勉強畢業；大學時，英文重修，英聽三修才畢業；沒想到長大後，我不但交了外國朋友，用英文和他們 email，還譯英文詩！真是不可思議。

會翻譯英詩，是很偶然的。因業務需要，公司都會聘請外國編輯，編輯外國刊物，他們外國人喜歡喝咖啡，而我也因咖啡認識一位叫 Jon 的美國同事，也不小心的參加都是公司的外國同事所組成的詩社 —— "Gray Dawn Breaking"。

"Gray Dawn Breaking"（也就是「黎明詩社」）並非如 Jon 所說的公司社團，它其實是公司裏幾位來台灣愛好寫詩的外國人成立的詩社，除了我以外，Jon、Sam and Bill（即 William Bridges-威廉‧布立基茲）都是道道地地、高大的美國人。Jon 的中文非常好，他還會中英口譯呢！Sam 和 Bill 的中文不好，聽、說、寫都不行，所以那時 Jon 就當全場翻譯員了。在他們三人當中，以 Bill 的詩最有深度，也是我最欣賞的，而 Bill 則極欣賞我的「現代神話三峽」；就這樣，我們成了忘年之交（因他大我 20、30 歲）。

在第二次聚會時，Bill 學了一個中文字 ——「聽」，就為他老婆寫了一首名為「聽」的詩，要寄給他老婆，詩中情意深濃，讓人感動不已。Bill 突發奇想，要我將它翻成中文，而且規定不可直譯，要意譯，且用中文詩的型式表達。後來我想了一天一夜，終於把「聽」翻出來拿給 Bill，Bill 就拿

去給他的中文老師看，他的中文老師極為讚賞（Jon 轉達的），Bill 很滿意我幫他翻的詩，那是我第一次翻的英詩。一年後，Bill 回國，但他會持續寄詩給我，我就透過 Jon 的幫忙，挑選 Bill 的一些詩翻；後來 Jon 也拿他的詩「In Downtown」（台北新貌）給我，我取得他的同意後，翻成中文並投稿到報社，竟被刊登出來！這是我的文章第一次上報，而這也是我送給 Jon 的回國禮物。

在這本詩集中，我收錄了幾首我幫 Bill 翻的詩，如「聽」、「初雪」、「慈悲」、「征服太空」、「！」、「短詩」等數首，這些詩都是經過 Bill 授權的，其詩意境深遠、用字淺顯，所以極不好翻；我找了一些外籍同事和精通英文的朋友，一起討論，再三推敲、琢磨而成的。

對於英詩之譯法，目前國內普遍採直譯方式。去年 Bill 到台灣找我，我再次請示他譯法，他仍堅持要意譯，並要求我要以中文詩的形式呈現；而他對我的詩之譯法，亦同。故此書詩之英譯及中譯，是我們約定好了，即意譯並以該國詩之形式呈現。

此書收錄從我大學剛畢業至今的詩作，其中不乏生澀、不純熟的作品，但那都是成長的痕跡，因此我也不避諱的全擺上去；若有不好或不妥之處，望諸君多見諒，我會繼續努力及改進。

最後，特別一提的是，本書書名承蒙國畫大師歐豪年先生題字，這是此書最大榮幸。歐大師為我二姊采言目前的國畫老師，二姊曾拿我的一些詩給他看，他甚為讚賞；因此當二姊請他為此書書名題字時，他一口就答應。我感到很榮幸，藉此對歐大師致上我最深謝意。

　　在此我很感謝我的二姊，感謝她一路對我的支持與愛護。另外，也要感謝我的好朋友台客先生及張潔小姐，他們幫我作序；當然更要感謝 Bill 和 Karen，沒有 Bill 先出我們合作之美國版的詩集 ——"MIRROR IMAGES"，這本「時空之樹」也絕出不了；而沒有出版社老闆的慧眼，大家也不會看到這本詩集。我由衷感謝他們，謝謝他們讓我圓夢，同時也希望這本「時空之樹」能圓每位讀者的夢。

How the Story Began

In 1993-94, I was working as an editor for Taiwan's Government Information Office in Taipei. So were Sam Dixon and Jon Welch, and together we formed a small poetry and beer-drinking society, Grey Dawn Breaking (after the Masefield line in "Sea Fever"). We met now and then at our respective apartments, and one night (January 13, 1994, by my diary), another GIO worker, France Yu (Yu Hsiu-chih), joined the session at my place.

I don't remember much about the evening (this *was* a beer-drinking society, remember), but I recall France's reading, in Chinese, a long poem about traveling up the Yang-tse River. Jon translated as she read. The poem was a "stunner," the diary records, and one line was especially memorable: "The Yang-tse River stops at my feet." The image of this slender young woman stopping the Yang-tse in its course has never left me.

Over the years, France and I have stayed in touch and exchanged poetry. She has gone a step further and published her translations of my poems in Taiwanese journals. Her command of English is better than mine of Chinese, but I've worked my way through a number of her poems and have not been disappointed. She has written many fine lines besides the one that first startled me into listening seriously to her.

My wife, Karen, and I visited Taipei in the spring of 2010 and were taken to dinner by France and her sister, Elaine（Yu Li-ling）, a gifted painter. Over the dumplings and watermelon soup, the plan was born to publish this chapbook, with our translations and with Elaine's art. They also took us to their apartment, where I found to my delight that Elaine had painted one of my poems, "Listen", into a depiction of a Chinese oracle bone carving. That very shortly became the cover of this booklet.

My extreme slowness with Chinese is the reason for the disparity in the number of translations of France's poems and mine. But I hope there are enough of hers to give readers of English an idea of her remarkable talent. I can justify my efforts only by recounting a conversation a few years ago with Sam Hamill, a noted translator of Chinese poetry. How long should an aspirant study a language before attempting translation, I asked him. Sam laughed and said, "Oh, about 10 minutes." Armed with that reassurance, I hope I've not done too badly by France's work.

Bill Bridges
Franklin, Indiana
January, 2011

輯一　詩情畫意

櫻花林

一帆風順

夢之帆

淡淡的　不經意的
　　　　　　　　微風
拂過
　　河畔的枝椏
　　　　吹落幾片樹葉
襯著河面的
　　　　　清雅

迷濛間
　　　河之柔波
閃著
　　梧桐樹下的浮藻
盪漾
　　似夢的彩虹

回首
　　天涯憔悴
駕帆輕駛
　　　烟水蒼茫
　　　　　一笑空 ──

魂入櫻花林

聽　誰在喘息像歌唱
　　　誰在低鳴似輕笑
漫步林中
　　　櫻花滿開
有情　無情
猜不透的思緒
看不見的空幻
　　　　　　墜入迷離

風　倩影婆娑
　　　搖曳生姿
吹拂四周
空氣迷漫
香氛　撫過我的臉
低俯　跳躍　款擺　扭腰
　　　　　　　　枝葉
隨興起舞
　　　春意蕩漾

醉　不知歲月

　　不問虛實
但願永不醒
愛在魂中
　　怨懟無聲
片片瓣兒　玉殞
默默相對　淚下
細雨微飄夢已醒
回首
　　不見林——

飛瀑秘情

飛瀑似銀河傾瀉
星光散落樹間
若你的眼
　　擾我心　挑我情

今年入林再尋你
枯松倒挂倚絕壁
　　　迴崖沓障雲蒼蒼
青山白雲裡　不見你倩影
　　　　　　驚見單飛雁

密林茂草清幽幽
只見
　　　落葉滿空山　何處覓芳踪
徒留
　　　鳥鳴啾啾吟春曲
　　　水聲隆隆伴輕風
問聲伊人何處去？
　　　露珠如淚灑滿胸 ──

秋　語

一片轉紅的楓葉
　　　　　飄
　　　　　　飄
飄在地上
　　　已不想呼吸

秋風吹
　　　狂吹
吹盡樹上的落葉
　吹散大地的塵埃
　　吹不去我的鄉愁

秋與愁
像兄弟　像連體嬰
是騷人墨客的泉源
是離人的悲
是銀色世界的
　　　　美麗嚮導——

黃山送客松

客來客往行匆匆
且送他一回
古往今來　物換星移
天地裡　唯有江山不老
　　　　　　　　　誰知我？

穹蒼是帳幕
玉屏煙障為吾牆
任蒼苔滿地
　　　　千年不掃

對望
自古玉屏特立出塵寰
雲霧裊裊蓋山頂
回句：
非是雲蓋山
只緣峰峭入雲間
　　　　　　莫笑

月冷風寒　微雨雲飄
枝葉搖曳

　　且偷笑
　　　　人類為情傷為財忙
　　幾何時
　　　　歲月如梭　相送未回
　　嗟嘆
　　　　歸去也 ——

註：民國 88 年 9 月，第一次和姊姊去黃山，那時還有送客松；當時姊姊
　　將迎客松及送客松皆拍下來，後來她因感覺，先將送客松畫成一幅
　　油畫。98 年，她將畫的照片送台北縣牙醫師公會的月刊刊登，我為
　　搭配她的畫，寫成此詩。99 年，再去黃山，據當地人道，送客松已
　　於 8、9 年前枯死了。此詩遂成紀念。

無心的愛

像隻蝴蝶
無意間　停在你的心口
飛走時
　　卻不慎撥動你的心弦
使你的心
　　　　　震盪　迴響

咻 ——
像顆流星
劃過天際
也在你心中劃下一道烙痕
流星消失了
烙痕卻怎麼抹
　　　　　　也抹不掉

像是落花
被風吹落到你的心湖
花　飄走了
卻不小心在你的心湖留下
　　　　　　淡淡的倩影

是明珠
　　　　表明了你的心
而我
　　　卻只能以淚
　　　　　　　相報
望著無言的夜空
　　　　　　　你
　　　已化成點點
繁星中的一顆
　　　　　　　明珠

相識相戀　　時空倒錯
蒼天的作弄　　又嘆奈何
深情對望　　默默祝福
不回頭　　不淚流
　　　　　　　任時光
埋藏你我的思念
　　　　　深深的
　　　　　　　　深深的
　　　　　　　　　深深的……

註：近來，常有許多婚外情之事報導或聽聞，甚至是好友的故事，不管
　　是何因素，人與人相識、欣賞，而生愛慕之心，常有之事；有人說
　　「愛人不是罪」，但若已有家室，或對方也另有歸宿，此時的感情該
　　讓它發生，還是該結束，或昇華，那時就可看出人的智慧了。當然，

此類感情經過無數年了，但仍不斷的發生、上演。

而，現在社會雖對第三者並不那麼苛責，甚至有人以居第三者自負；但我以為，人仍應有道德倫常，因感古詩節婦吟：「君知妾有夫，贈妾雙明珠，感君纏綿意，繫在紅羅襦；妾家高樓連苑起，良人執戟明光裡；知君用心如日月，事夫誓擬同生死；還君明珠雙淚垂，恨不相逢未嫁時。」古人也有不少那出軌故事，但能如此自制，實屬可貴，因而不才，有感寫就「無心的愛」，與「節婦吟」古今相互呼應。

魚的聯想

游啊游
　　　在海裏
　　　在水中
快樂自在又逍遙
幾時
　　　在餐盤？

不過
在海裏　成為大魚食物
被人捉
　　在水族館　供人欣賞
　　在廚房　成佳餚

反觀人類的吃相
欣賞高興貪婪哀傷冷漠視而不見
筷子一筴　吃相難看
可是
　　我看透你們心思
　　　　你們看透我沒？

河流 三部曲

之一

奔馳
跳躍生命的律動
濺在草原上　濺在泥土上
流向
　　未來的希望

之二

無雨
河道幾乎乾涸
草木枯黃
在豔陽高照　藍藍的天空上
看不到
　　　春天

之三

啊　閃電
　　　　驚醒大地
水珠　在躍動
河水又開始奔馳
在草地枯死
　　　　　之後
大地回春 ——

日月爭輝

一、月落

在你上來讓人們看到你的美之前
我要將我身上的光芒完全釋放出來
以免讓人們看到你時就把我忘掉
烏雲　啊　可惡的烏雲一直遮掩著我
我要放光芒！我要放光芒！
一道二道三道四道五道
五道　我終於射出五道光芒從雲端
啊　烏雲有點稀疏了
我終於可以露一點點臉了
　　　在我向這世間揮手告別之前
現在我可以放心的離開

二、日出

慢慢地　我染了一小片紅海在山後
山前則有太平洋在「轟轟」地的滾動著
且先讓月亮去做垂死的掙扎（它以為自己是

「垂死的天鵝」）
反正我不急　反正世界即將屬於我的
看我如何先為自己的出現做一番美麗的舖排
先是慢慢地揮灑出一些些紅色
染紅了天空　染紅了海　再給天空加一些顏
色
太紅會膩就加點黃加點澄加點藍加點綠再加
點紅……
看　華麗的多彩的豐富的燦爛的多變的天空
顏色
　　　那是我的傑作
也是我在向這世界露臉前先送給人們的禮物

三、山、雲與海

管它月落　管它日出
管它們如何去日月爭輝
對於每日的迎送往來　早已習以為常
因為我們永遠只是
　　　　　配角

註：87 年 4 月，我去日本陸中海岸遊玩時，在釜石的清晨，無意中同時
　　看到月落和日出，而且兩者角度只相差 45 度，真是奇蹟，一時詩興
　　大發，遂成此詩。

思五則

藍

天空之色
晴空萬里
何時變成憂鬱之代表？
不懂

綠

大地翠綠
欣欣向榮
人類相鬥為何扯進藍綠？
無聊

ECFA

兩岸貿易協議
有人怒賣台
有人舉雙手雙腳贊成

無突破無未來

氣　候

旱災數月
幾日暴雨
是人類環保不夠？
還是末日將近？

電　腦

滑鼠螢幕伺服器
聯結幅員無際的世界
臉書推浪部落格橫行
平面刊物為何還存在？

影子天鵝

因看報導，中興大學裏有一隻喪子又喪夫的黑天鵝，常對車
子上顯映自己的影子痴望，一望常數小時。看了令人動容，
故有感而寫此詩。

請你　　請你
別再看著我
我動因你動　　我抬頭因你抬頭
可是　　你引吭
　　　　　　我卻無聲
因　　我只是
你映在車身上的
　　　　　　　影子

什麼時候開始？
聆聽
　　　　你訴說心事：
鷹叼走第一隻小寶貝
　　　　　　　　你心傷
丈夫染病而亡
　　　　　　你空洞
當第二隻寶貝棄你而去

　　　　　　你茫然

如今
對車身的我
　　　　　痴望
尋求伴侶
人云：舉杯邀明月　對影成三人
你說：顧河魚不應　望車盼成雙

我仰天
　　　默然 ──

黃山之鑽

閃爍
　　　於寂靜之夜空
似明燈
　　　　指引夜行人
黃山之路
　　　　崎嶇難行
　　　　　　步步危履
不慎失足
　　　　一去不回

多少陰暗與恐懼
幾許愁困與煩惱
此刻
　　　全已散去

北海（註）晨曦如鑽
彷彿光明與希望
照亮夜空
　　　　溫暖大地──

註：「北海」指黃山之「北海賓館」

夏日午后

　　綠油油、亮晶晶、冰涼涼、碧水青波，一片翠綠，正是夏日踏青的好時光。

　　三五好友，輕裝便服，到法國旅遊；從陌生人到朋友，互相拍照、互相照護，歡樂聲、談笑聲，悠遊、倘佯在溫暖的陽光裏。

　　循著梵谷的足跡，瞧！拱橋、向日葵、捲雲、搖擺的樹，如詩如畫的美景，別人是浪漫，他卻別具風格的呈現；想像他痛苦的神情，試著去體驗他作畫的心境，感受艷日下的憂鬱……

　　但，很難吶！

　　看　晴朗的天空、遠處恬靜的小屋、青草翠綠、野花競放、碧波粼粼；在鏡頭下，擺出 happy 的 pose，以為此行之紀念。

　　憂鬱？唉！早拋到九霄雲外。啊！連狗狗都幸福的蹲在草地上，享受「夏日午后」的浪漫。

註：為姊畫作「夏日午后」之隨筆。「夏日午后」的場景在南法，導遊帶我們去欣賞著名畫家梵谷作畫的地方，果真美麗如錦，旅者皆拍照留念。

夏日午后

輯二　情韻小品

天　鵝

橋

橋

貫穿古今中外
方便人車通行
但
　連不到
你我的
　　心

守　候

跟你二年
一生守候
只因當初你收養我
憐我　愛我　惜我
如父如母
　　　　　一生跟定你

你走後
　　　　無人可取代
今後
　　只在車站前
　　　　　　守候

回憶你的身影
春去秋來
　　　　　年復一年
直至我們天堂
　　　　　相會 ──

註：電影「忠犬小八」是依據 1920-30 年代發生在日本的一則真實故事
　　所改編。其故事爲一教授無意間在街上遇見流浪、甫出生不久的小
　　狗。該教授十分疼愛小八，而小八也常到車站前等候主人下班回家；
　　可惜二年後，教授心臟病發作而亡。教授之女欲收養小八，小八不
　　願接受，自己每日到車站前等候，期待主人奇蹟出現。這期間，車
　　站附近的人都輪流照顧牠，而此事也在牠在車站守候數年被記者發
　　現，且報導，而更受許多人的喜愛。小八自始至終皆不願離開車站，
　　如此等候了九年，直到牠自己也壽終正寢。

憶貓友 ── 咪咪

「喵！喵！」是你的叫聲
我看著你　你看著我
沒有語言　只有眼神
這是我們第一次見面
在八、九年前

「你好，小美人」我和你打招呼
你睜大眼端詳我
似乎喜歡這個稱呼

第三次　你將身體貼在鐵籠
我伸手撫摸
你用鼻子聞我的手
正式成為朋友

忽而熱情如火
忽而冷若冰霜
但我始終叫著
「小美人」

幾乎沒離開過籠子　一生
因你的主人要照顧太多貓狗
無法放任你自由　但
身雖囚　心自由
慢慢的　你會自己找朋友
如我

那日見你蹲在盆裏
以為你只是蹲廁　不期你已生病
我只簡單問候一下
　　　　　　　　　卻成
永遠的遺憾

你走了
　　　　身心均完全解脫
未嘗不好
　　　　　只好忍痛
祝福
　　　我的貓咪朋友 ——

註：咪咪是我的第一隻（也許也是惟一的）貓朋友，牠是隻虎斑貓，也
　　是一位獸醫養的貓。咪咪很美麗，也很聰明，有貓的特性，如忽冷
　　忽熱（不過年紀較大時，就比較不會表現的那麼明顯），但十分善良，
　　從不曾露出邪惡的眼神，是隻十分討喜的貓。每次當我去獸醫院接
　　我家小狗時（約一個禮拜一次），牠都會張著大眼睛看著我，然後身
　　體就在鐵籠邊磨擦，意思要我去摸牠，我就會走過去摸牠；隨著年
　　齡增長，牠要我摸的時間也跟著拉長。直到 12 月 4 日那天，咪咪因
　　急病而離開人世，令我十分不捨；卻也對牠不再被關在鐵籠，而感
　　到些許寬慰。

喵　喵

喵～喵～
縱上　飛躍　敏銳　快捷　機靈
外加慵懶
似加啡貓　非加啡貓
愛我的人說
我有溫順的眼神
　　　　不陰森可怕
是家貓　像野貓
我是大廈之貓

喵～喵～
圓滾滾　胖嘟嘟　滑溜溜
主人和大廈的人養的
因為我
　可愛迷人又討喜
短尾巴
不是被切斷
是高貴的品種

忽而在你身邊撒嬌

忽而遠遠的觀察你
時而熱情如火
時而冷若冰霜
展現所有的
　　　　　　貓性
對你
　　愛我的人

機靈
　　　是我的本能
觀察
　　　是我的天賦
跳躍
　　　是我的運動
像飛的感覺
　　　　　飄飄然 ——

自由　是我另一個名字
偶而充當流浪貓
當大廈出現
一隻二隻三隻四隻……
　　　　　　　　流浪貓
刮傷車子破壞公物隨地吃喝拉屎
被驅趕後
罪過全要我擔

不公平 ——
主人為我喊冤
愛我的人為我叫屈
到處鳴起不平之聲
但
　鐵石心腸的人　耳聾
淚
　在主人的臉頰上直流
我的心
　　　　淌血

離開
　　是必然的路
大家開始避開我
　　　　　　　像瘟疫
嫌惡唾棄鄙夷無情冷漠
一隻垂死的鳥
　　　　　在我爪中
盡情翻滾玩弄戲耍擺佈
直到
　　一動也不動
那是我回報人類的
　　　　　　恨 ——

註：喵喵曾是南園大廈裏的貓，牠天生愛自由，經常從窗戶跳出去玩，
　　直到天黑累了，才回到大廈，讓牠的主人抱牠回去。牠和一般的貓
　　不太一樣，很溫順平和，也愛人撫摸，對人很友善，極聰明也很有
　　人性，眼神一點也不陰森可怕，所以大廈裏很多人都很喜歡牠。誰
　　知道，當牠較常待在大廈的庭院裏時，雖有一堆人會逗牠、陪牠玩，
　　但也有討厭貓的人，看牠礙眼，非把牠趕走爲快；牠的主人十分難
　　過，我們也很難過，但不得不看著牠被送走。在牠離開的前一天，
　　牠故意玩弄一隻死鳥給住在大廈裏的人看，眼中看不出牠的情緒，
　　但我想這是牠對大廈裏的人的一種無言抗議。

巧克力與姊姊

「咕嚕！咕嚕！」
不是鴿子的叫聲
卻像鴿子

「咕嚕！咕嚕！」
咖啡色的身體
頸佩美麗花紋

「咕嚕！咕嚕！」
巧克力－是姊姊為牠取的名
一隻漂亮的母斑鳩

冷氣機的平台上
含著枝幹的一對斑鳩
在窗前飛舞
　　　在姊姊面前

「咕嚕！咕嚕！」
幾根枝幹築成的鳥巢
蹲著孵蛋的斑鳩

「巧克力、巧克力」
姊姊愉快地叫喚著

在姊姊情緒非常低落時
「咕嚕！咕嚕！」
在姊姊暫時賦閒在家時
「咕嚕！咕嚕！」
「巧克力、巧克力」
適時的安慰　及時的問候
建立
　　　人與鳥的微妙感情

「咕嚕！咕嚕！」
一年二年三年……
一代二代三代……
「咕嚕！咕嚕！」
是巧克力還是小小巧克力
　　　　　　　　來送別
在我們即將
　　　　搬家
「咕嚕！咕嚕！」
　　「咕嚕！咕嚕！」
　　　　「咕嚕！咕嚕！」
　　　　　　………

狼與兒馬子

草原狼

伏擊　等待　偷襲　達陣
機智狡猾的狼
兇惡殘暴的狼群
在廣大無垠的戈壁
在浩瀚蒼穹的沙漠
　　　　　　　　馳騁
　　　　　　　　　　縱橫

是羊群的天敵
是騰格里的子弟
額崙草原上的
　　　　　凶煞之神

兒馬子

飛躍奔馳不稀奇
挺胸闊步護大地
是家族的神

是狼群的剋星
兒馬子
　　　甩著長長的馬鬃
　　　抬起巨大的前蹄
踩　踤　踢　尥
再兇猛的頭狼
也禁不住兒馬子的
咬　捽　甩　刨
狼群聞之喪膽
　是戈壁的英雄
　　　　瀚海之神 ──

血　戰

大地沈寂
　　　　星月慘澹
風聲颯颯
白毛呼嘯的吹著
站立山頭的　狼群
昂首長鳴
　　　　鳴 ──
悽厲聲劃過天際

驚慌的眼神　羊群
望著空洞的大地
狗兒豎起耳朵　警覺守著羊圈

在昏暗的夜
　　　呼嘯的白毛風
襯著銀白色的大地
死神悄然
　　　　降臨

殺氣騰騰蓋天地
鬼哭神嚎震陰山
狼　馬　狗　羊
在白毛風中
在無月的黑夜中
展開一場慘絕人寰的
　　　　　血戰 ——

當人類拿著火炬
照見白茫茫雪地
　　　　血水遍佈
　　　　　綿延無際
狼牙　羊毛　狗爪　馬印
幾隻狼羊倒在血雪中
狗兒忙舔傷口
兒馬子　昂首挺立
身上數條血水已結冰

白毛風依舊無情地吹
　　　　在無窮瀚海 ——

註：因看姜戎著的「狼圖騰」一書，有感而發。

兒馬子：為蒙古語，即種馬；在蒙古，兒馬子的鬃長可及膝或地，牠們
　　　　能帶領或護衛馬群，可和頭狼決生死，度過許多難關。

騰格里：蒙古語，意指「天」。

白毛風：蒙古冬天的暴風雪。

茅台酒之戀

香
來自貴州的愛
聞著你
　　　　想將你喝入口
得到的卻只是
　　　　　　　無語

甜
喝一口　蜜滿心
再一口　如痴如醉
看著你的笑
　　　　想擁你入懷

醉
清香的味道
　　　　　充滿全身
似已醉在你懷裏
甩甩頭
　　　飄然離去

淚
　滴成河
　　　河成瀑布
回憶已成
　　　醇酒 ——

發亮的夜市

燈炮 ── 亮 ── 了
一盞一盞　在巷口
在騎樓門前的
　　　　　　各個攤位
販賣
麵線、牛排、鞋子、衣服、DVD、日常用品
你有你的區　我有我的桌子
　　　汗臭味四溢　夜市開始 ──

人群逐漸聚攏
從四面八方　無人召喚
爺爺抱著孫子、家庭主婦、上班族、三五好友、
學生、落單的
東西比一比　價錢殺一殺
蚵仔煎來五盤　牛排來七份
射水球　發洩一天的情緒
人來人往　車水馬龍

基隆廟口　台北通化　高雄六合
二十年前　低俗骯髒的場地

如今已成觀光勝地
物換星移　東西變時尚
只是
　老闆依舊叫賣　群眾依舊穿梭
燈炮 ── 暗 ── 了
　　　　　　街道寂靜空蕩
天際亮白 ──

狼圖騰

看「狼圖騰」一書後，被書中最後那隻為生命而跑、至死不屈的狼的精神感動，故成此詩。

轉身　蹲坐　直視敵人
瞬間
　　狼王化身為
　　　　狼圖騰 ——

桀驁不馴
是你的名
冷血機靈
是你的標籤
草原狼
　是騰格里（註一）的守護神
　是蓋婭（註二）的兒啊 ——

說你是兇手
　你是為生命在奮鬥
說你殘暴
當人在追殺你時
　　何嘗手下留情？

生命有輪迴
大地有食物鏈
沒有你
黃羊　旱獺　老鼠為患
草原沒有草
只有黃沙（註三）
撒滿大地
　　　形成瀚海

強悍狡猾兇殘貪婪狂妄機靈
都是你的原性
沒有讚美詞
承受人類無盡的詆毀
但你依然是你

當騰格里把草原賜給你
你的耐性　你的孤寂　你的狡猾
成就了你的
　　　　　　霸業
在額侖草原
當你的天敵出現
你就被否定　因人類的邪惡
斷絕你的存在

兩輛吉普

兩顆子彈
讓狂奔找活路的你
　　心跳停止　喘氣爆肺
瞬間
　　猛回頭　用最後一口氣
直視虐殺你的兇手
桀驁不馴　寧死不屈
完成騰格里賦予你
悲壯的　威凜的
　　　　　　狼圖騰

註一：「騰格里」為蒙語，即為「天」。

註二：蓋婭為希臘神話之大地母親，她的小孩為英勇無敵、舉世無雙的
　　　安泰；安泰一離開蓋婭，就喪失力量，變得軟弱無力。他的弱點
　　　被敵人發現，而被敵人殺死。

註三：依「狼圖騰」書內所述，在內蒙古，如果草原沒有狼，黃羊、旱
　　　獺、老鼠就會過度繁殖，而瘋狂的啃蝕草原上原已稀薄的草，而
　　　令草原加速沙漠化。

清華山曉露

曉晨漫步山中偶感

拂曉不知愁
露灑滿晨鐘
輕輕　鳥啼蟬鳴
　　　　　　遍山中
慢慢　回首
歲月不經留
黑絲漸白心不老
笑談當年英雄
禪語已不識
誰管
　　雲去水無蹤

註：清華山 ── 位在嘉義縣竹崎鄉，山上有座德源禪寺，那兒空氣清新，
　　沒有遊客時，相當安詳寧靜，而且師父們都是苦行僧，以自耕自足，
　　或採野菜爲食。香客供奉之物方給大師或其他遊客食用，是真正清
　　修之所。我曾在那兒住過一個月，甚是懷念，如今以此詩紀念之。

知　己

紅顏最難得知己
紅塵一去千萬里
寄我柔情於風雨
東風吹盡西風起（註）

人生知己何處尋？
我盼　我覓
從兒時到成人
從玩伴到師長
舉目四望　人來人往
慨嘆　慨嘆　慨嘆

知己可遇不可求
猶如伯樂與千里馬
千里馬為伯樂奔馳
我為誰等待
　　　為誰開啟生命之光

幾番尋覓　幾番期盼
一次一次燃起希望

一次一次黯然神傷
最後不得不承認
　　　　　　世上無我知己

暮然間　他出現在我生命中
　　　　卻又像雲過不留痕
像伯樂般
點燃我的生命之火
　　　　　　　　隨即消失
錯愕　惘然　卻難以割捨

啊　我要將他追回
像古人一樣
　為知己綻放光芒 ──

註：此為某部連續劇主題曲之部分歌詞。

你的背影

看著你的背影
淚流下
何時再回頭
投入我懷中

看著你的背影
逐漸遠去
輕輕的呼喚你的名
卻只聽到　風的聲音

留下你的影
讓回憶去咀嚼
狂亂的心痛
只有血知道
我的淚
你永遠看不到

想你　戀你
千萬個日子忘不了
別忘記我　別拋棄我

請再回頭擁抱我
　讓愛再從頭

淚已糊了臉
　　　眼已迷濛
心痛的如世界末日
任我如何呼喚
任我如何追憶
都已想不起你的臉
　　　　　　你的眼
只因你的背影
已消失無蹤

曾刊登於 85 年的青年日報

新同居時代

你　我　分分合合
不太黏　不太膩
輕鬆的新同居時代

你在東　我在西
你在北島　我在南島
時空阻隔　心心相連
情絲纏繞　一條二條三條
斷不了　忘不了

像橋樑　把我們連結在一起
像河流　把我們切開
相思不知不覺連繫我倆的情誼
靠近你是幸福　離開你是恩賜
考驗著你我堅貞的愛情

愛情如玫瑰
時而相愛如蜜　時而相恨如刺
放開　相思難耐
糾纏　厭煩無奈

這就是現代的新同居時代

不要你　不要我
想一走了之　不再相親相愛
誰知緣份這條線　卻又將你我牽連
分　分不開
　放　放不掉
無奈的與你重逢
　　　　　　重敘舊情

過眼雲煙

曾經相戀　　刻骨銘心
如今
　　　相對無語
時間　空間　分離
千山　萬水　阻隔
是相思　非相思
情已逝
　　　　為何
　　　　　　心痛 ──

淚眼迷濛　　如雨
恍如時空交錯 ──
　你燦爛的笑容
　　　　　　　　溫暖我心
　你深情的注視
　　　　　　宛如漫步雲端
曾幾何時
　全都幻滅
　　　消失無影
失落在遙遠的國界 ──

想捉住　已來不及

想追隨　失了方向
只能　呼喚你的名　輕輕
夢中尋你的影　茫然
冰冷冷的風吹著我身
空洞虛無淒清寂靜
　　　　　　伴我夜夜難眠

靜　靜　靜
　心已沈　心已死　心已冷
無情風雨吹亂我長髮
飄啊飄
　滿懷柔情　瞬間
　　　　　被狂風　撕裂
滿天碎片
　　　我的情
　　　　　　蕩然無存──
你我
　　已過眼雲煙？

恍如隔世
　　　　再相逢
四眼相望
往事歷歷　飄浮你我之間
　　　　　　　淡淡愁緒
泛起
　讓回憶隨風飄
　　　　　我的愛──

烽火桃花情

漫步桃林　偶相見
　　　　　　　多年前
魂牽夢繫　意綿綿
若蝶迎春飛舞
似燕難捨難分
青天霹靂
　　　迫分離　戰火中
兩岸遙望

離散情何依
暗雲蔽青天
淚水如雨
　　　　到天明
恍恍如昨日
桃花林中相依偎
歌聲乍歇
　　　　　意淒淒

驟雨初歇斷離人
片片花瓣已成泥

怎堪摧殘
　　　　香消江畔
落葉覆滿身
　　　　　枯枝無人問
音訊渺茫
　　　　空哀嘆

如今　烽火早熄
槍砲消煙火
　　　　　重返舊時地
嬌艷含笑　桃花依舊
恍惚倩影翩翩
彷彿歌聲盈耳　春心蕩
卻是
　　　花兒迎風飄搖
　　　潺潺江水
回首
　　　淚雨濛濛

空靈的中央山脈

十年前登山之追憶

懸崖峭壁　山徑綿延
忽而平坦　忽而險峻
茂密樹林　一路相伴
環繞中央山脈

從集集到八通關古道
朋友引我
完成生平第一次壯舉
　　　　　　　　　登山
行走在
　　　　雪山　玉山　大霸尖山的
山腳
　　仰首高歌
　　　　　群山相和

陣陣夏風
　吹響山中的樂器
樹葉叭叭
　　鳥啼繞山谷

蟬鳴唧唧
　　伴著　流水潺潺
天籟聲中
　　　　已無我

暮然回首　多年往事
空靈的中央山脈
　　　不知古道在否
　　　父子斷崖續斷否
相信　鳥啼花香依舊
但
　　我心已俗矣

淡水暮色

天空　淡青色
綴著積雲　高積雲
淡水特有的雲層
一處　兩處　這裏　那裏
幻化成國畫世界

黑白不夠看
先來點黃色　灑上橘色
似在高積雲的間隙
　　　　　　　跳 Rock 舞

紅衣女郎在旁等候
　　　　　　　　不急
等一下全是她的
　　　　　　舞台
由烏雲伴舞

烏雲慢慢擴散　向穹蒼
紅衣女郎不停掙扎
吐出最終一抹深紅
在海角　在山凹
直到　筆落淡水
　　　　　夕陽無痕 ──

玉山霸雪

—— 觀國畫大師歐豪年之作品「玉山雪景」，有感而發。

此間誰最高？
在台灣
高聳　俊秀　陡峭　崢嶸
昂首向天
春夏已逝　秋颯方過
剎那間
　　　　瑞雪迎風撲面
覆蓋全身
璀璨的紅黃衣裳
換成冰冷白衣
但
　掩不住
　　　萬里如虎之
　　　　　豪氣 ——

雨　竹 二首

之一　音符之曲

似是四分音符
又像是八分音符
輕悄悄地跳落到翠綠的
竹葉上
一會兒十六分音符
　　　　八分休止符
還有那一長串的連音
從那竹稍上
　一路滑下來
　　敲動每片葉子
　　　點動每個葉尖
於是
整片竹林　傳出悠美的
　　舒伯特小夜曲
在雨中

之二 暴雨之夜

千軍萬馬　兵戎相見
在一個狂亂的夜
雨與竹　展開一陣廝殺
翌晨
　遍地殘葉
竹
　依然挺立

風　竹 二首

之一　空期待

風影窗櫺映，疑是覓花人；
急急梳妝待，月過不留痕。

之二　竹音

狂風怒吼
吹得竹葉在風中呼號
嗶哩啪啦
　彷彿奏出
我的思念
　　我的鄉愁

晴　竹

── 精靈之舞

一點一點　輕輕地　靜悄悄的
欲留還休　欲走還留
在沉睡的介字葉上
小心地　促狹地
跳起月之舞
　　　　　精靈
放肆地捉弄每個垂下的
　　　　　　　　葉
　　　　　葉　葉
驚醒
　　卻是也無風來也無晴

相　伴

輯三　詠嘆之曲

嵌在山壁上的鑽石

飛瀑秘境

玉瀾恨

2006 年夏天，遊頤和園之玉瀾宮，思憶光緒皇帝當年囚禁於彼十年，而無法治理國家，憾未能當一明君。遊園睹景，為他悲嘆，而隨筆寫就此詩。

鳳舞龍翔　情濃意蜜
歡笑蕩宮幃
幾時　回眸一笑千古恨
夜闌靜　心波動　斜影孤映月
度十春

是離愁　悲歌未遠
是情緣　蝶影雙雙
　　　　　　如今成空幻
長淚眼
　　癡心戀　夢一場
多少壯志葬湖底
　　　　奈何天 ──

問紅顏　為誰鎖清秋
哀離雁　春歸啼未休
醉明月　輕嘆伊何處
　　　　歲　悠　悠

三國演義組詩

話說天下大勢　分久必合　合久必分
歷代朝政　遵循不已

桃園三結義

一個販屨織蓆的漢室宗親
一個落難的正義長髯漢子
一個市井殺豬的有錢屠夫
一個偶然機緣　一個亂世局面
三個臭味相投　齊心報效國家
　　　　　　　　桃園三結義
　　　　　　　　開創中國歷史新紀元

貂　蟬

有落雁之姿　有傾城之美
俯瞰顧盼　風姿綽約
令呂布為之傾倒　教董卓為之著迷
似蝴蝶　週旋於二人間
　　　　玩弄於股掌中

頃刻間　父子變臉　血濺殿堂　朝廷變色
而貂蟬猶為貂蟬

群雄逐鹿

桓帝駕崩　宦官奪權　外戚亂政
群雄並起
　　　　　袁紹據河北
　　　　　孫策霸江東
　　　　　劉表鎮九州
　　　　　劉璋領益州
曹操挾天子以令諸侯　蠶食天下

過五關斬六將

為兄家眷迫降曹　只待兄音訊
為曹立功封侯　只為謝知恩
如今掛印封金求去　只為桃園結義
千里走單騎　不畏前途險阻
過五關斬六將　只盼兄弟再相逢

三顧茅蘆

臥龍先生何許人？　隆中一村夫
劉備頻三顧　期盼漢室復
一顧興匆匆　先生雲遊去

二顧在寒冬　瑞雪撲滿面
三顧驚春雷　臥龍夢中醒
君臣一見撼天地　從此天下三分定

舌戰群英

為求破曹到東吳　未見吳王先會臣
或嘲孔明沽名釣譽　或譏劉備不識時務
或諷諸葛名過其實　或笑皇叔不自量力
有實學　不必掛口中
有能力　何需眾人說
心中有忠義　千萬賊兵打不過
善辯無需好口才　字字珠璣勝雄兵
自比管仲樂毅不為過　強過膽小畏縮者
人生在世為何來　行事但憑赤子心

赤壁之戰

戰鼓隆隆　長江滾滾
驚濤裂岸　天地變色
曹操百萬之師　浩浩盪盪勢難擋
孔明周瑜聯手以智取
　　　　　　　　　　相抗赤壁
北方軍　不識水　龍困淺灘難伸展
南方軍　施巧智　火燒連環船
霹靂啪啦　稀哩嘩啦

跳水的跳水　中箭的中箭
逃命的逃命　追人的追人
喊聲震天　火光處處　刀箭四射　人仰馬翻
百萬雄師頓時成殘兵　從此開展三國史

曹操三笑

一笑瑜亮智不足　烏林樹茂不設防
　　　　　　　　笑罷子龍衝出奪旌旗
二笑瑜亮終少謀　彝林要道無人守
　　　　　　　　笑訖張飛蹦出亂揮刀
三笑瑜亮無能輩　華容地窄缺奇兵
　　　　　　　　笑歇關公率眾來夾殺

三十六計

先是裝瘋賣傻混水摸魚繼而李代桃僵偷龍轉
鳳以便瞞天過海
若以逸待勞隔岸觀火即可尋機趁火打劫
小心笑裏藏刀設計無中生有進而暗度陳倉再
施苦肉計反間計成喧賓奪主之勢
可先調虎離山借屍還魂聲東擊西反擊
切忌打草驚蛇嚇走敵人
然後利用金蟬脫殼以便借刀殺人遠交近攻欲
擒故縱
再施計中計連環計進而假途滅虢拋磚引玉徹

底釜底抽薪即可擒賊擒王
此外亦可用美人計空城計……
以上若都不行　則三十六計走為上計

英雄美人

赤壁之戰英名揚　固守東吳與魏蜀成鼎足
文采武略　智高一籌　傲視三國
可嘆英年早逝　恨未完成霸業
娶妻小喬美嬌娘　夫妻情深千古傳
自古英雄美人多遺恨　周瑜應該謝天恩

八陣圖

只是一些數列的亂石堆　卻似有數十萬軍馬
說是亂石堆　亂中卻有序
八門休生傷杜景死驚開　有生有死有驚有傷
反反覆覆　是死是生　時時刻刻　千變萬化
可比十萬精兵
　　　　　　　闖入者
　　　　　只見飛沙走石　遮天蓋地
　　　　　　怪石嵯峨　槎枒似劍
　　　　　　横沙立土　重疊如山
　　　　　　江聲浪湧　排山倒海
若無人指引或破解　困死陣中
試問八陣今何在　三峽江水不復返

才高八斗

煮豆燃豆萁，豆在釜中泣；
本是同根生，相煎何太急？（註）

才華過高遭兄忌　七步成詩千古名
聊將情懷訴筆墨　可嘆流離伴餘生

南征北伐

為興漢室　蜀相啣命統一大業
為安心北上　得先平南蠻
南蠻南蠻真野蠻　屢敗屢輸猶不服
孔明七擒七縱　以德服人名留青史

大權在握不為動　一心只效古賢臣
為完成先帝遺詔　六次北伐空遺恨
杜甫言其：出師未捷身先死　長使英雄淚滿襟
吾道：明月清風依舊在　先人遺風在何處？

結　語

如今
赤壁之火已熄　銅雀台已傾蹋　青龍偃月刀
已生銹

赤兔的盧不知奔向何方　　而孔明之羽扇也早
已隨風而逝
貂蟬呂布周瑜小喬英雄美人事蹟已成神話
然而
黃沙依舊飛揚　長江依舊向東流　風依舊狂嘯
卻是
　　　故國神遊　不勝稀歔

註：此爲曹植之七步詩。

秦淮江畔憶舊曲

笙歌艷舞　風華絕代
憶秦淮自古繁華
雲樹繞隄　風簾翠幔
思佳人妝樓顒望
繡閣靜倚　浪萍難駐
執手相看淚眼

陳圓圓　馬湘蘭　柳如是
李香君與侯方域　董小宛與冒辟僵
才子佳人絕唱　韻事永存
相識於琴棋書畫間
揮別烽火亂世處
憂國熱血尤勝鬚眉
桃花扇　千古傳唱

日夜承歡　奈何天
秦淮八艷　艷名揚
嘆
　流水悠悠情已空
　物華休　世事幻
人去樓空　何處覓芳踪？

北斗七星

北斗七星高，哥舒夜帶刀；
至今窺牧馬，不敢過臨洮。 ──唐詩

在浩瀚的夜空
一個　大勺子　高掛著
北　斗　七　星
　　　　　　　　直三四四
承載多少千古風流俠事
在中國

風流周瑜　小喬初嫁了
羽扇綸巾　孔明借東風
哥舒帶刀　胡馬不過河
北斗變七罡　武出俠義情

你從俠義世界來　告訴我
你把情放入大
　　　　　　勺子
　　　　　　　傾倒
你的情

　　化成
　　　　　　點點繁星
照亮　夜空
　　卻照不進
　　　　　　我的心

北斗七星依舊閃耀
你的情已消散無蹤
而我
　　只能仰望星空
回味著當年的甜蜜
　　　　　　　　滋味
眼角閃著
　　　　淚光
化成
　　星光 ──

現代神話三峽

誰說　長江的水是天上來的
誰說　長江的水東流到海　不復返
可是　我說　長江的水在我腳底
　　　　　　　　　　停留——

無夢的西陵峽

嫵媚的　青翠的　是西陵峽的代號
昔日的　心碎的　恐怖的險灘
如今何在？
我尋尋覓覓　覓覓尋尋　卻是不見
險灘啊險灘　令人作夢都會心驚的險灘
原來已在民國四十幾年　在險灘的夢中
「轟」的一聲！　化為灰飛煙滅

灰飛煙滅　煙滅了古人無數的動人的
詩篇　令人纏綿緋側　哀戚感人的
散文　　西陵峽已沒有夢
夢在許多人的呼號中　消失了
如今只有無聲的
　　　　　　沈默——

神話的巫峽

煙雲朦朧　飄渺恍惚　撲朔迷離
是愛　是仇（愁？）　愛恨交纏的
巫峽　　西母娘娘的化身　溫柔多情
　　　　　也有楚王的風流　變化千古
你是西母娘娘轉世投胎的　前來尋情
我是楚王？　難逃你的情網
我們陷在古代中的情感糾葛

你是神女　朝朝暮暮盼望著
我是龍王　日日夜夜的等待
有時我們又是五賢士　談古論今　說天道地
有時又化為和合二仙　較勁對奕
較勁　和平中不忘爭鬥　你我亦時常
爭鬥　古人爭鬥　今人
爭鬥　爭鬥　爭鬥　忘了情愛
愛　忘了巫峽　也忘了你我

善變的夔峽

氣蓋山河　雄偉壯麗　讓人沉吟的夔峽
我徘徊在你左右　瀏覽　靜思
想從你身上找尋什麼？
人生？　價值？　意義？

　活的目的　　死的世界
還是人為何物？

就在我尋思不出答案時　　善變的你
似乎又告訴了我
高大也有變矮的時候
雄偉也有可能只是唬人的外表
你依然是你　　而人也依然是人
什麼人生　　價值　　意義　　情操
死啊活的　　聚啊散的
仍然改變不了你雄偉的心　　壯闊的世界

告別白帝城

在彩雲間　　我
　　　　　　　告別了白帝城
揮灑如詩如畫的三峽
遙看遠遠流來的長江水
誰說　　長江的水不是天上來的
誰說　　長江的水不是東流到海　　不復返
雖然我說　　長江的水是停留的　　停留在我的
腳底——

夢　　真的沒有了嗎？　　我想再尋
尋那多情綺麗的夢　　有你的夢
即使我已不再是風流瀟灑的

楚王　一個如此善變　善變得讓人
難以捉摸　似幻似真　變得
常讓我自問　情為何物？　人生為何？
三峽啊三峽　何時你可以給我答案
何時啊──

雙面繡（註一）

慢慢地　一針一線
繡出
非洲動物中國水墨皇室龍袍西方油畫
針針入繡　絲絲飛揚
締造
　　　驚奇的刺繡
　　　　　　　天堂

是蘇繡
　　　古典優雅
是湘繡
　　　瀟灑奔放
一圖一案　巧奪天工
還有那
蜀繡再加粵繡　中國四大名繡
單面雙面　絲絲入扣
　　　　　　嘆為觀止

雙面繡出雙世界　突破刺繡高難度
此面本是越溪女　素衣綠裳清純秀

轉看已為吳宮妃　蛾眉輕蹙燭映紅
透明薄綃巧工藝　上山虎嘯震群峯
翻面幻化下山獅　松風竹影來相送

依畫而繡　繡中描詩　敘說「綠肥紅瘦」（註二）
閨中佳人問春訊　牆外花草扶影疏
丫鬟望向窗外復回轉　雙面繡來奪首冠
九龍飛騰蓋天地　雲霧翻滾耀九州
蟠桃壽帶春意足　富饒喜氣添年味

巧手繡出無限情　詩畫天地掌中控
骨針竹針網針加染色
雙面異繡讚不停　精微繡品見功夫
造就
　　絲情畫意──

註：

一、95 年 2 月前往國父紀念館看“絲情畫意”刺繡展，展品中之雙
　　面繡令人嘆爲觀止，因而有感而發。

二、雙面繡中有一幅是依李清照的「如夢令」而設計成的圖案，該
　　詞爲：「昨夜雨疏風驟，濃睡不消殘酒。試問捲簾人，卻道海
　　棠依舊。知否？知否？應是綠肥紅瘦。」該繡品，只見丫鬟的
　　上半身似是有點透明，而她那一部分是可旋轉的，因此可呈現
　　四種畫面，故該件曾榮獲冠軍。

悲悽的中秋夜

── 紀念九二一大地震

九二一的清晨
一陣天搖地動
驚醒大地　不　是大地
在梳妝整容
　　　　　　忘了在它臉上的生物
可憐的台灣人民

是哭泣　是哀嚎　是怨嘆
曾經讚嘆的大自然美景
如今已成淒風苦雨
曾經歌頌的大自然傑作
如今已成人民的噩夢

那雄偉壯闊的大自然變化
瞬間　奪走了數千人命
倒了難以計算的建築物
茫茫然　真是無語問蒼天
只有淚眼相看　殘破又殘破的家

好圓的月啊 ——
好清亮的夜呀 ——
如此美麗的中秋夜
沒有爆竹聲　沒有歡笑聲　只有
淒涼涼的　哭泣聲
嗚嗚低鳴 ——

誰　　誰還在那兒？
爺爺奶奶爸爸媽媽哥哥姊姊弟弟妹妹叔叔嬸
嬸姑姑舅舅姨媽呀
你們在哪兒？
請不要再給我斷手殘軀　好嗎？
我可以拒絕接受嗎？
不是我無情
　　　　　而是我心已死

好靜　好靜的
夜　　是如此的寧靜
　　　　如此的漫長
　　　　如此的冷漠
望著中秋的圓月
家不圓　人不圓
心
　已
　　碎

曾刊載於 88 年的青年日報

新的開始

― 啓航

啓航　啓航
航向未來
在湖泊　在大海
或捕魚　或移居
無論是幸福
　　　　　還是可怕
都是
　　新的開始

哥倫布航離歐州
　　　　　發現新大陸
麥哲倫堅信地球是圓的
　　　　　　環遊世界一週
明成祖疑惠帝流亡海外
　　　　　鄭和七次下西洋
開啓世界流通

東方的瓷器指南針茶葉

西方的槍炮十字架鴉片
皆由海之交通
　　　　傳遞運輸

啓航　啓航
促成
近百年東西方文物交流
無論
　　是福　是禍
都是
　　新的開始

遠眺黃石公園

輯四　交擊之歌

　　此部分屬我與美國好友 William Bridges（威廉‧布立基茲）為彼此互相翻譯之詩，因其先在美國出版了我和他中英合譯本 "MIRROR IMAGES"，才促使此書之形成。

群玉山頭見

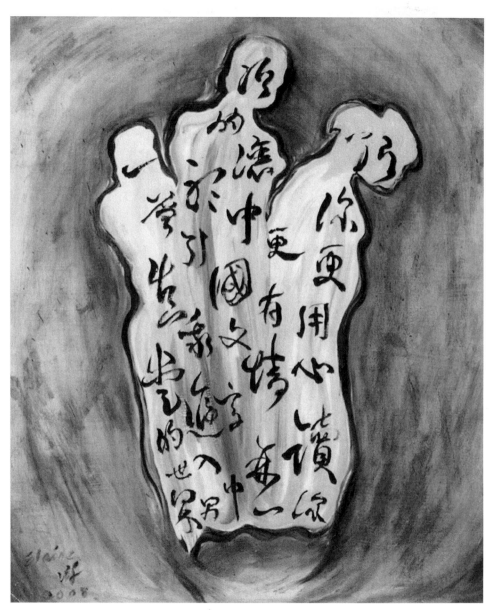

聽

93. 7. 19

小 Nicky 速寫

I. Translations of William Bridges's poems by France Yu
（此部分詩者為威廉，我為翻譯）

Listen

The Chinese sign for "listen"
includes eye, ear, and heart.
I will listen better now,
my dearest, hearing you with my eyes,
seeing you with my ears,
knowing your heart
by heart.

聽

聽你　更用心
讀你　更有情
再一次
讓中國文字中的
「聽」
引我進入另一層
真愛的世界

曾刊登於 84 年的中華日報

Key To The City

The key to Taipei
is at the Hangchow crossing
stuck in the asphalt,
pounded by taxis,
the spiked heels
of beautiful
slim-waisted women,
wheels of carts
tottering with cardboard,
feet of garage workers,
students, gangsters, secretaries,
clerks in 7-11s,
Buddhist monks and men
with cellular phones, closing
million-dollar deals
as the light changes.

Pull it out,
and every taxi would stop,
the sigh of multitudes
rise like a storm
in the leucadendrons,
the whole island tremble
and every lock fly open.

城市之鑰

一隻鑰匙　在台北
扎於杭州南路的柏油路上
計程車輾過
時髦高尚女郎的摩登高跟鞋踏過
裝著厚紙板的輪子壓過
加油站員工的腳踩過
學生、秘書、7-11 的店員
佛教徒和歹徒
在電話亭打電話的男人
　　　　── 正進行著數萬元交易
日復一日

計程車戛然而止
　　　　群眾驚嘆
　　　　　暴風旋起
全島的人都在顫抖
　　　　　當鑰匙被挖出
所有的鎖
　　　也全被
　　　　打開 ──

The Birds & Me

I didn't have a poem,
a song, for you,
something your own,
who claim to be
so resolutely unpoetic —
nothing to give you,
no more than the birds have,
who take your suet
and thistle, filling
the backyard with their
undedicated songs.

鳥與我

我的詩和歌
無法歌頌　你那
如天籟般　非詩歌的
　　　　　　　　歌聲
即使他們把你的養份
奪走
仍無法掩蓋
　　　　　你那
清新　凡間的
　　　　　歌曲
洗滌花園和
　　　　我的心

At the House of Niyam'
oyoana Yabai

Your house is empty now
in the aboriginal village,
no grain in your millet bin.
On this hot morning,light
filters through thatch
of a vacant room.
Only a tourist's foot
makes a little sound.
Your kinsmen, the little Tsou,
Whose name was like the click
of birdsong or the breath note
of a wooden flute,
have almost vanished
dead, or transformed
to dishwashers in the capital.
If I were quiet enough
would the wind say your name?

在尼雅馬尤亞那‧亞帕的家

你的房子現在是空的
在原住民的村落中
米缸中沒有米
在太陽下的炎熱早晨
有一股淡淡的草香傳出來
從你空盪盪的房間
　　　以旅客的腳印
你的孩子們
伴隨著時空的滴答聲
鳥兒的歌聲　生命的展現
木頭做的圖騰
全部在瞬間
　　　　　消失
當首都被洗劫後
只剩一種氣息
　　　　　死亡

Niyam'oyoana Yabai.....
May your name live,
may you live always
in the indestructible house
of the name.

風在呼喚你的名字嗎？
「尼雅馬尤亞那‧亞帕」
你的名字千古不死
如同你並沒有死去一樣
透過你的名字
彷彿 ——
　　　你的宮殿也不曾毀壞

註：Niyam'oyoana Yabai 爲台灣原住民人的一個名字。

Nostalgia

That tune,
from long ago
in another country —

We were so happy then,
or inconsolable,
one or the other.

鄉　愁

那是來自一個遙遠國家的
古老年代的
　　　　旋律 ——

我們曾在那裏一起
快樂
　　悲傷
　　　　快樂
　　　　　　悲傷
　　　　　　　　快樂
　　　　　　　　　　悲傷
　　　　　　　　　　　‥‥‥‥‥

The World as It Is

A friend is upset
by a statue of Kwanyin,
goddess of mercy,
in a public park.

Sure, sure, but still
there's not enough mercy
in the world as it is.

慈　悲

有個朋友
很反感
對在政府的公園中
豎著觀音像
——一個慈悲的女神

當然　當然
但
　世界的慈悲
似乎還不夠

Taipei Sunday Morning

An ephemeral market
blooms on the sidewalk
next to my house,
temporary grace
of turnips and roses,
fresh eggs,
boxes of apples.
Sun falls
on broken tiles,
also a grace.

恩　賜

台北星期天的早晨

一個短暫　經常性的　市集
當季的花靠在我家的外牆上
像玫瑰和蕪菁　斜靠的　優雅地
任人挑選
還有　新鮮的蛋　整箱的蘋果……
叫賣聲　殺價聲　相互交雜著
而陽光
　　　　從破屋簷的瓦礫中
緩慢地
　　移動
　　　　如恩賜地聖水
灑在人心　花兒　地上

Little Chinese Poem

April evening,
rustle of shore weeds
in rain-scented air,
seeds asking,
"What will my life be?"

短　詩

四月的黃昏
除草機發出瑟瑟聲
飄浮在雨中的
　　　　　蒲公英
似乎在問著
「我存在嗎？」

The Movement

I saw them from the highway
for a moment: brown cattle moving
out of a field the sun was grazing
into a woods. They seemed to be
moving together though not in unison,
their separate motions knitted,
purposive, slow.

It was a different rhythm,
and pleasing somehow that they moved
between light and dark, although the direction
seemed not to matter (it could have been
dark into light, and these
any animals night-drowsed in a field),
but the movement ——
there was something about that.

移　動

白天
　　去田野吃草
　　　　　　　　黃牛
　　　　　　　　　須先進入樹林
看牠們移動　從遠方
　　　　　　　　　　和諧的
似編組　似分隊　有目的　慢慢的
有著特別節奏
　　　　　　在牠們移動時

介於明與暗
雖然方向不是那麼重要
（似乎是由暗轉亮
不讓動物打瞌睡）
移動 ──
　　　似乎就是那麼自然

After Rain

Clouds move off,
leaving the street pewter
in a half light,
a doubtful metal
with none of the certainty
of steel or silver,
good neither for jewelry
nor tall buildings,
but with some utility
for things in between ——
a candlestick
giving light to the house,
a child's cup.

雨　後—白鑞

烏雲走了
街道閃著微弱的亮光
彷彿漆上　　白鑞
薄薄的

那是非銀非鐵
無法界定的金屬
不適合做珠寶
也無法
　　　　蓋大樓

但
可做成小孩的杯子
及
　　燭台
　　　　照亮房子的
它
　　不是廢物

Some Dreams

Some dreams we want
to return to, they had so much
to tell us, such deep resonance —
the woman in that house
of thoughtful objects
who was frail and wise,
and how we walked later
along a shaded street
and I picked up a stone
for memory.
That sleep was real.
Awake, I tried to find
my way back, but I'd lost
the directions, my stone.

夢

心動之夢　總令人不捨 ──
柔弱且充滿智慧
　　　　　　　的女人
思考著未來
　　　　在屋子裏

爾後
　　我們慢行於
　　　　　　　樹蔭的街道
拾起一塊石頭
　　　　　以記得來時路

且睡　乍醒
　　　　　我欲回去夢中
但
　　那塊引路的石頭
　　　　　　　　卻
　　　　　　失落 ──

Beginning of Snow

Notes without signature
in the roads blow;
wind's fingers trace a pure
calligraphy of snow.

On macadam slates, white
sentences uncoil;
quills of air, quick, slight,
write and then spoil.

Parabolic meanings
curve at us, but veer;
in the wind's keening,
no voice is clear.

Snowfall to storm grown
covers all design ——
O, but for a moment shown
the curve, the line.

初 雪

風的手指在雪地上
描繪著極抽象的
書法
　　　既不是簽名　　也不是符號
在碎破的　　白色的
句子延展開來 ——
似是空氣的羽毛
　　　快速的　　俐落的　　灑脫的
揮毫
再予以破壞
又像是拋物線　　對著我們吹來
眼見就要到跟前
　　　　　　　　忽
　　　　　　又
　　　　　轉
　　　　向
在凜冽的風中
　　　　　　　悄然無聲
雪　又急劇的飄落
覆蓋了原有的字
哦！它又在地上畫起來了
曲線
　　　直線
　　　　　　曲線
　　　　　　　　直線 ——

曾刊登於 85 年的青年日報

Snowmelt

A warm day leaves only
dirty peninsulas
that rot bottom up.

Detail revives. A leaf
skitters on brown grass,
sticks sail in gutters,

floodwater hangs and flashes
over the Conrail tracks.

No more white wideness,
just the beautiful
specificity of the world.

融 雪

迸出腐爛的　髒的
一窪一窪　似半島形
當天氣轉暖時

復活　隨處可見
一片樹葉在枯黃的草地上
　　　　　　　　　　跳躍
水沖刷著小樹枝
　　　　　　在溝渠裏

加拿大鐵路的軌道上
垂掛著冰柱　閃爍
　　　　　　當它正在融化

不再白雪皓皓
另種獨特之美
　　　　　　在這世界

A Day of Broken Weather

A day of broken weather,
dead leaves
darkened with rain,
a sunlit interval
of sky streaked
by higher clouds...

Why should it seem
that something breaks
like thin ice in the heart?

秋　思

堆積的濕冷的伴著雨的
枯葉
是碎裂的天氣
間偶出現陽光
　　　而在高空上
　　　　　仍有幾抹
　　　　　　　雲——

然而
　我的心
竟有如薄冰般碎裂的
　　　　　　　　痛
為何？

Climbing Huayna Picchu

Hang gliders
went off here once,
dropping leagues down
to the station,
in time for the train.

To the earthbound,
the mountain offers
handholds of stone,

some like the heads
of stone axes, shaped
to the whole hand,

從比丘聖城下山

想下山
你可以坐著滑翔機
直接咻——
　　　　　飛下去
從聖城
　　　只要你有膽量

對於不敢飛的人
　　　　　　要下山
只好靠著雙腳
慢慢地　小心翼翼地
一腳一步地
　　　　往
　　　下
　　爬

石頭
有尖銳如同鎚子
也有那鈍的
　　　　似斧頭
勇敢卻不知死活的樹根
偏從堅硬的石頭縫中
　　　　　冒出來

others so slight
that only fingertips
can grasp them.

Or evens less,
just cracks opened
by the minute action
of roots and rain.

They all console,
Saying, "Hold on here.
You were not meant
to fall this moring."

The mountain says,
"This is still earth,
your place.
Not time yet to let go."

不管是尖的鈍的石頭
還是樹根
它們都是爬山者的
　　　　　支柱
它們異口同聲的說
　"緊緊的捉住我們　穩穩地踩著我們
你們絕不會掉下去的
在這個清晨"

山　也對人們信心喊話
　"這是地球
你們的土地
我從沒遺棄你們
只要你們不遺棄
　　　　　我"

註：馬丘比丘聖城有世界著名的印加帝國，創造了印加文化。馬丘比丘
　　聖城坐落於秘魯的安地斯山脈中，它建於西元 1460-1470 年之間。
　　整座建築物和神殿的設計，完全受到陡峭山峰和懸崖層層保護，和
　　周圍景觀密切融合。它大部分的結構是由花崗岩建成，儘管石塊大
　　小不相同，但是這些石塊相互間卻契合的很完美，不用灰泥輔助填
　　充。

!

Sirius exclaiming
in the morning sky.

!

呼喚！
　天狼星在清晨的
　　　天空 ——

註一：Sirius is the Dog Star, the brightest-appearing star in the heavens,
located in the constellation Canis Major.
在南方的星空中，有大犬星座與小犬星座；天狼星即爲大犬星座
最亮的一顆星。

註二：It's important to have Sirius exclaim in surprise and joy, not just shout
or yell or comment： "Wake up! This is important! The sun is back!I
didn't think it would happen, but it did!"
作者寫此詩的意思爲：「醒來！這是很重要的，太陽回來了！雖然
我不認爲會發生，但它還是發生了。」

註三：大犬座屬於多季的星座，是自古以來最有名的星座之一。它在天
空中占有 380 平方度的範圍，肉眼可見 122 顆星，2 月 15 日晚上
9 時過中天。大犬之名來自星座中最亮的星 —— 天狼星，它也是全
天最亮的恆星，因爲天狼星通常被認爲是「狗星」。天狼星（Sirius）

來自希臘文 seirios，意思是「很熱的東西」，來自一個很古老的埃及文字。它對生活在尼羅河河谷的古老居民，扮演著重要的角色；每年當天狼星和太陽同時在黎明時刻東昇時，尼羅河就泛濫成災，水流出水壩。田園因此變得肥沃，埃及人又開始新的一年，令人聯想到埃及司陰府之神 ── Osiris 神之死，萬物更新。

註四：大犬座在神話傳說中顯得很複雜；因為在希臘羅馬式神話中的每一隻狗，都被認定是一個星座；小犬座和大犬座都與獵戶聯想在一起，據說它們就是獵戶的兩隻獵犬。從獵戶的腰帶三星向東南方向沿伸，大約廿度的地方就是天狼星的位置。炎炎的夏日裡，晚上幾乎都看不見天狼星，因為它白天經過天空；古人認為天狼星是很熱的星球，夏天隨著太陽運行，稱夏天最熱的幾天為「天狗日（dog days）」。

古印度人認為這些星構成獵鹿的圖案；獵戶座的星是狩獵的目標，上方的參宿四和參宿五是一隻狂奔的雄鹿，腰帶三星是一枝射出的箭，天狼星和附近的暗星形成一把強弓。又認為這些亮星是女性，是古印度神聖的書籍 Rig Veda 中曾經提到的 Tishtrya 神，她是掌管下雨和地球上所有水的神。

玻里尼西亞的傳說認為天狼星並不是天上最亮的星。原本在金牛座內的昴宿星團才是天上最亮的恆星，由於天狼星嫉妒她的光芒，抓起了畢宿五（金牛座的紅色亮星）朝著昴宿擲去，把昴宿擊碎成許多暗星構成的星團，使自己成為天上最亮的恆星。

註五：一個連續困惑著近代天文學家的問題：大約二千年以前，天文學家對於天狼星顏色的描述，不外乎「紅色」「火紅」「古銅色」，然而自從西元一千年以來，所有的觀測都認為它發出的光茫是帶有很淡藍色的白色。曾經有人認為那是因為二千年前，它的伴星是紅巨星的緣故；但也未免演化得太快了，並且在它的附近也偵測不到有氣體射出，至今仍是個謎。

The Conquest of Space

If I lie and look up
through dill,
the moon's nail holds
a floret
like a cup.

If I look out
past the wet wire,
I cannot tell
bright water
from a star.

征服太空

仰視
穿過時蘿
月亮的指甲似握著
一朵花
　　　　像一個杯子

直視
　　從星星來的
　　經過濕的鐵絲網
那發亮的水

註：時蘿，一種香料。

II. Translations of France Yu's poems by William Bridges
（此部分是我的詩，威廉為翻譯）

The Little Trees

Time and space meet intricately,
controlled by a line of little trees.
Read their language carefully.

The computer won't help you,
the website's disconnected,
the time machine's
irreparably broken.
Those roads are closed.

Look back and you'll see
nothing you recognize.
Even the little trees
have gone into another
time and space.

時空之樹

時空交頭接耳
靠在一排小樹中
細讀它們的語言

電腦找不到
　網路連不上
時光機已失修
　　通路也阻塞

回首
　小樹已悄然消失
　　　　到另一時空 ——

Snow Bamboo

In this new season,
snow petals
powder the ground's face.
Demure bamboo,
you may decline
this seasonal makeover
as long as you extend
your fingertips
year after year.

雪 竹

灑下一片輕柔的雪花
為大地換上一季新妝
如果你要拒絕
請將你的竹節
　　　　延展至
歲歲年年──

Love River Melody

（Beside Love River in Kaohsiung）

Love River-the dream began there,
became the song of Kaohsiung,
an overture of flute notes and plucked strings
like drops of water dancing,
flying up into the sun,
falling back on you and me:
love in your heart, in my heart.

But in time the river darkened,
every house dumped its dirty water,
making a sink of filth.
It happened little by little
until Love River turned black and stank.
I wept beside it, seeing the shadow
of your back turning away.

愛河戀曲

（榮獲 83 年高雄「愛河尋夢」比賽優等獎）

愛河　夢的開始　高雄的交響曲
吹著　彈著
水珠跳躍著愛的音符
濺在你身上　濺在我身上
濺在豔陽高照　藍藍的天空上
愛在你我心中

曾經　愛河也醜陋過
家家戶戶　把用過的髒水
全往愛河裏倒　愛河頓成垃圾收集場
一點一滴　日積月累
終於
河水變黑了
　　變臭了
我也哭泣了　當你的背影
逐漸遠去

O river, we were desolate together,
alone in our ruin. Those who once
walked next to you
now passed without looking.
I alone paced your bank,
sharing my grief, telling you
all my lost memories.

Love River crept by. I waited dumbly,
Hoping you'd read my heart and return.
In night's quiet depths
I wept with the river
"a year and a month," but time,
which cares nothing for love,
swept on, forgetting us.

啊！愛河　你被人遺棄
孤單　寂寞
日復一日　圍繞在你的四周
以往遊人如織　而今稀稀落落
甚至連車子都不願停留
只有我　常徘徊在你四周
同你傾訴我的悲苦
　　　　　我的思念
思念　那段甜蜜的往事

愛河　依舊慢慢的流
而我　也依然痴痴的等
　　　等你回來
　　　等你明白　我的心
　　　　　　我的情
每當夜深人靜　當愛河在嗚咽
　　　　　　我也陪同啜泣
啜泣歲月的無情
　　你的無義

But then a sound woke the earth ——
it was Love River stirring again,
renewing itself, carrying away
its soiled burden, singing once more,
alive and beautiful. You and I ——
could we walk beside it again,
with our own dawn and evening songs?

Can't you hear Love River,
how its melody calls us,
beyond misery and separation?
My love will be like water
sparkling on your feet, your hands,
the very ends of your hair,
dancing the song of our love forever.

啊　是什麼聲音　驚醒大地
愛河　在躍動
　　　　在去除身上的污垢
　　　　為回復昔日美麗的容貌
讓世人再愛它
　　　　再多看它一眼
而你　何時啊？　何時再回到我身邊
與我再同遊愛河
　　　　　　在清晨
　　　　　　　在黃昏

愛河
把你又喚回我身邊　再譜戀曲
傷痛過　才知情珍貴
別離過　才知聚不易
我的思念　也化做顆顆水珠
灑在你身上　手上　腳上
使你的髮稍　跳躍起愛的音符
一段段　一首首　不停歇
使高雄最美的交響曲
永遠為你我演奏　愛的組曲
讓我們　永浴愛河 ——

How My Hair Fell

When my hair fell,
it went a root at a time.
My tears hung
in the empty air.

When my hair fell,
it went hank by hank.
My heart
began weeping blood,
life withered.

My hair was like rain
falling forever
and everywhere,
not a spot dry,
not a moment without
this falling.
I woke up scared,
slept scared,
sat down and stood up scared.

掉頭髮

因癌症而只接受一次化學治療
我的頭髮
　　　即一撮一撮
的掉落
這裏　　那裏
到處都是

看著頭髮不停的掉
我的淚在眼眶打轉
我的心開始淌血
而生命
也開始枯萎

掉　　掉　　掉
似乎永不停止的掉
生命似乎也隨著慢慢流失
只剩一個殘破的軀體
在地球的某個角落裏
飄啊飄　　飄啊飄

Root by root, hank by hank,
my hair covered everything.
Fear shampooed it,
fear clawed at it,
the brightness
fell utterly.

What's left? Tears
and a shriveled heart,
a life leveled
and trickling away,
behind it the crust
of a ruined body,
the future now
chemically controlled.

不敢照鏡子
不敢摸頭
當頭髮已不再掉落
以前的我似已死
而今的我又是誰？

化療依舊進行
只是已無頭髮可掉
淚也已流盡
心已無感覺
而明天的我可是新生？

曾刊登於 88 年的青年日報

'Friends Come from Afar'

(For Bill and Karen Bridges)

You came thousands of miles —
a year of planning and waiting —
to meet a few hours.

More than a meeting, really —
so deeply felt and filled
with smiles and laughter,

after years in which the air
had to carry our voices, our work,
on the wireless of poetry.

And then......how strange,
it was as if we had never
been apart, the ease of old friends.

And Karen, beautiful and touched
by wisdom's aura, drawing all
who meet her into the circle.

有朋自遠方來

　　99 年 5 月 8 日 Bill 和 Karen 從美國來台找我，我們相聚
於台北福華飯店的江南村餐廳，特寫此詩紀念

　　千里跋涉
　　只為短暫的相聚
　　近一年的籌劃
　　　　　　　　與等待

　　相會　在歡笑中
　　十多年未見
　　僅以 email 互通聲息
　　也互贈詩集
　　而今見面　無生疏感
　　如老友般的
　　　　　　　　熟悉

　　美麗　散發智慧光芒的 Karen
　　令人甚為喜愛
　　當年你在台為她寫首
　　深情的「聽」
　　　　　　　使我動容

Years ago, Bill, in Taipei
you wrote a poem to her, how
from the Chinese word for "listen"

you had learned to love her better,
"with eye, ear, and heart."
The words still move me

My smiling friend, forgive whatever
skill my words lack. We are both
baffled by language.

Nothing for it. But the dinner!
Dumplings in bamboo, chicken
in wine, watermelon soup ——

When you taste the memory with Karen,
we'll share that evening again,
despite its brevity and so much unsaid.

Now the sentences I would have spoken
fall to the ground, a bright rain.
The real rain fell as you left,

豁達　心胸寬大如你
笑容常開
　　　　原諒笨拙的我
我們對彼此的語言
　　　　　　皆顯得很無奈

小籠包醉雞冬瓜干貝蠱西米露
懷念的美食
　　　　回憶之旅
皆令你雀躍
　　要讓Karen與你分享

千言萬語
短短的二個半小時
　　　　　已化成唏噓
你們走後
　　才知尚有許多話語
都掉落地上　沒有帶走

another parting, but you went
with a poet's wish for joy
on the journey and a hope ——

Oh, I am happy, powerless, and sad!
When will there be another time,
another evening like this one?

不捨　終須分別
旅程仍須繼續
循著你的記憶
　　　　　　完成一趟
美麗的亞洲之行

你和 Karen 離去
留下雨中的台北
　　　　帶著詩意送別
高興激動無奈惆悵　如我
問聲
　　何時再相會？

秋色繽紛

輯五　流連狀態

女人花

金黃色的天堂

愛河憶父

一大一小　兩個人影
摩托車　在愛河旁
　　　　　　　　急駛

咖啡的煙霧中
彷彿又出現
爸爸
　　叼著煙　鎖著眉
專注的看著書

迷離中
　　河聲驚碎
　　　　　我的夢
淚如潮水

日復一日　年復一年
摩托車依舊急駛　愛河邊
載著求學的我
　載著慈父的心
　　載著歲月悠悠

啃著紅蟳　在愛河邊
聽著爸爸訴說
爺爺曾是知名建商
政府更替　公債化成灰
瞬間
　　　富變貧　只遺
　　　　　　傲骨──

如今　愛河換裝
有咖啡座　有煙火　有花燈
獨缺　爸爸的身影
我　在愛河旁
　　　　　徬徨　惆悵
淚眼中　彷彿
爸爸又站摩托車旁
　　　　　　等我──

送母親

一生愛美的
　　　　母親
　　　　　　在哪裏？
一堆白骨　從殯儀館的人用車推出來
淚　已糊了眼
好多不捨
　　　　真成灰燼 ——

不孝
　　夢中驚醒
　　　　　　心痛
腦中盤繞著母親的身形
　　爭吵中的母親
　　坐在我病塌前的母親
　　為生活奔波的母親
如今
　　已無法與我怒目相視了 ——

母親非慈母
脾氣來的時候，罵我們、打我們

心情好的時候，買吃的、喝的、穿的……
　　供我們讀書
她說
　那是你們日後的聘金和嫁妝

生我們　養我們
負起做母親應有的責任
但　生活卻是艱苦的
有個多病的我　整日躺在床上
母親日夜照護　不敢歇息
猶受妯娌親戚們
　　　　　　　　嘲諷苛責
　　　　　　　　　失母之職
好深的罪哦──
　　伴隨母親一生

小時嬌縱的母親
因時代變遷
剎時由富家大小姐變成
煮飯　洗衣　拖地　做衣服
樣樣得自己來的家庭主婦
她常常回憶過去
　　　　　　　那被服侍的日子

我們雖未成大氣候　卻也出息
但　就是會頂嘴

大姊和母親吵得最兇
我其次
弟雖較沈默　卻也不喜歡母親管
母親只好管父親
　　直到父親撒手人間

一生不服輸的母親
因生活所迫
　　屢屢向命運低頭
但她個性依然
　　　　　頑固　倔強
即使到生命盡頭
她仍同老天爺
　　　　　對抗
　　　　　　爭取最後一分一秒 ——

愛她　恨她
　　　　如今卻只能懷念
對母親
　我有無限悔恨
一生多病　母親一直在旁照顧
我又回報多少？

嘆蒼天　總是作弄人
竟如此快速帶走母親
是無奈

　　　　是解脫
　一生風雨的母親
　終
　　安詳

喜見新巨星

近日看人間衛視的「戲說人生」，看到小生郭春美演的歌仔戲，驚為天人；其無論扮相、身段、唱腔、演技都堪稱一流，一點也不輸給昔日的歌仔戲天王楊麗花。心喜之餘，故成此詩。

忽而風流瀟灑　義薄雲天（註1）
忽而英姿煥發　再世情緣（註2）
忽而紈絝凶狠　賣身作父（註3）
一投手一舉止　吸引無數眼光
心情亦隨劇中人起伏
即使是戲
台上台下已融為一體
郭春美　歌仔戲的另一位巨星

扮相俊美　宛如潘安再世
風度翩翩　似古代書生投胎
啓美聲　猶若鶯燕傳幽谷
發皓齒　彷彿珠玉落滿盤
台上俊俏郎　台下美嬌娘

春美歌仔戲　地方小劇團
初識乍見　驚為天人
查網路　方知已是南方天王
我今日才知
　　　　愧
　　　孤陋寡聞

如此優秀人才
卻不如孫翠鳳唐美雲出名
也許其運未全開
還是璞玉尚待琢磨？
然只要繼續努力
非但為戲迷之幸
　　　　且為戲界之光

註釋：1.2.3.皆為劇名。郭春美在「賣身作父」飾演大反派呂鐵英，為一
　　　位先是紈綺子弟、中為掩飾罪行變為陰狠殺手、後因無法成為王
　　　爺之子而發瘋。演反派而不令觀眾討厭，又會讓人稱讚一聲：「演
　　　得好！」足見其演技堪稱一流。

蝴蝶君 (註一)

"Con onor muore/ chi non puo serbar/ vita con onore."
(註二)

「巧巧桑（蝴蝶），巧巧桑（蝴蝶）　當知更
鳥築巢時　就是我的歸期」(註三)
等你　一生一世　當知更鳥築巢時　就是你
的歸期
我的死刑　加利馬爾的死刑　在蝴蝶飛走時
蝴蝶飛　蝴蝶飛　蝴蝶從舞台上　飛
　　　　　　　　　　　　　　　飛
　　　　　　　　　　　　　飛
飛下來　飛到加利馬爾的身邊　化成
宋莉琳
蝴蝶／宋莉琳　宋莉琳／蝴蝶
加利馬爾自語：「我是平克頓 (註四)？」

蝴蝶　蝴蝶　帶著浪漫的夢 —— 在一個遙遠
的地方
有點朦朧、神祕　又有點髒亂、晦澀　卻擁有
千年的文化
那是蝴蝶夫人的故鄉　宋莉琳的家　加利馬

爾的
幻想世界
　　　美麗的神祕東方古國（註五）

踏著蓮花步　甩著水袖　任那「愛情二重奏」
（註六）飛揚
滿天的花朵　和著婀娜多姿的身影　舞出了
蝴蝶夫人（宋莉琳）的愛　蝴蝶夫人（宋莉琳）
的悲　蝴蝶夫人（宋莉琳）的無奈
　　　　　　　　　　　　　　　　　淚
洒落一地　這裡　那裡　牆角　天花板——
　一直一直下個不停　卻掩不住她心中的
哀怨
　　哀政治　使她成為兩面人
　　哀舞台　使她永遠無法下台　永遠戴著
面具

　　為中國　為加利馬爾
二十年　漫漫地　長長地
蝴蝶一直飛著　舞著　在東方　在西方
在北京　在巴黎　在作夢人的夢中　在加利
馬爾的夢中
痛苦　無奈　伴隨著　夾雜著　辛酸地甜蜜
蝴蝶只好不停地
　　　　　　　　飛
　　　　　　飛向加利馬爾的身邊

飛不見自己的

靈魂

宋莉琳已無靈魂

蝴蝶夫人／宋莉琳　宋莉琳／加利馬爾　加
利馬爾／蝴蝶夫人
誰是蝴蝶？　　宋莉琳？　　加利馬爾？
啊！蝴蝶掉下來了　翅膀隱約寫著「間諜」兩
個字
啊！夢碎了　愛竟是虛幻
如今
蝴蝶已非蝴蝶　宋莉琳也不是宋莉琳　加利
馬爾也不是加利馬爾
蝴蝶？　蝴蝶？
已化成一灘血水
"Con onor muore/ chi non puo serbar/ vita con onore."

註一：本詩爲曾轟動歐美之間諜故事「蝴蝶君」，因有感而發。
註二：「榮耀的死去／比恥辱地生／更加好得多」引自普契尼的歌劇「蝴
　　　蝶夫人」的一句歌詞。
註三：知更鳥的蛋都下在別的鳥巢裡，因爲牠根本不會自己築巢。故若
　　　有人說其歸期爲「知更鳥築巢時」，即表示其永遠都不會回來了。
註四：「蝴蝶夫人」中男主角的名子。
註五：西方人對東方世界，通常只有一個概括的印象，很少區分國別，
　　　所以事實上蝴蝶夫人爲日本故事，可是加利馬爾似乎沒有仔細區
　　　分它是屬於那一國家的，反正是屬於東方故事就對了。
註六：普契尼歌劇「蝴蝶夫人」中的一首曲子。

電影女孩

　　此詩為紀念已故導演朋友鄭文惠小姐而作，她於民國 96
年底因車禍過逝，願以此詩獻給她。

　　翻開時空筆記
　　我們相識在劇本裏
　　編劇　　導演
　　夜風不知趣　　吹起一陣旋風
　　紙張　　飄落滿地
　　　　　　　　你走出我的劇本
　　卻走進我的生活

　　歡笑　　懷疑　　坦然
　　友情像風又像雨
　　師大路的巷子大安路的夜燈樂利路的海鮮快炒
　　寫滿你我的足跡
　　不管周遭的陰晴冷熱
　　　　　　　　　　在你我四周流轉
　　也改變不了你我的
　　　　　　　　夢

「開麥啦！」
是你喊的
　　　　因為你是導演
　　　　　你的夢想
一幕一幕
浮現
「我想要一個朋友」、「流光之戀」、「第三
日」（註）
字幕
　　漂浮在時空裏
觀眾沒看到　因為
幕已
　　卡住——

跳　笑　舞　電影女孩
在我生活中
毫無忌憚肆意叛逆任性
只想圓
　　　一個夢
　　　　　　一個電影夢
在風中　在雲裏
在旅遊的途中
沒告別
　　　祝
旅途愉快永遠快樂
無聲

　　　　幕
　　　　　　從未開啓
　　　　導演椅
　　　　　　已無人 ——

註：「我想要一個朋友」、「流光之戀」、「第三日」等劇名，皆爲鄭文惠生
　　前自己創作的劇本名稱。

歌唱界之舞王

　　97 年 12 月 14 日觀賞郭富城挑戰 450^0 舞台表演之演唱會「舞林正傳」，觀後有感而發，寫就此詩。

　　對你愛愛愛不完　我可以天天月月年年到永遠
　　So We Love Love Love Tonight
　　不願意絲絲點點些些去面對
　　對你愛愛愛不完　相愛原本總是這麼難（註一）

　　　旋轉　　旋轉　　旋轉
　　　人旋轉
　　　　　　舞台旋轉
　　450^0 舞台創金氏紀錄
　　在郭富城的演唱會─「舞林正傳」
　　是觀眾的眼福
　　是郭富城的驕傲
　　是台灣的榮耀

　　　十八年前稚嫩的小伙子
　　　一則廣告　「你是我的巧克力」
　　　紅透半天邊

造就香港四大天王之一
　　　　　　　—— 郭富城
台灣的半子

「我的開始在這裏」
他不停的講　講了十八年
知恩　惜福　不在乎人恥笑
赤子之心　不隨年齡老去
純真如昔

昔日為梅艷芳伴舞
如今　似蛹化成蝶
以陽剛　妖嬈
　　裸露但不扭捏之
　　　　　　　　　歌舞
奠定「舞王」之尊
開場　3 part　驚人氣勢之演唱會
　　　　　　　　　　挑起觀眾胃口
中國歌舞結合 Hip Hop　十足創意卻不突兀
20 公尺舞台　450^0 旋轉
在 5 層樓的高度　35 宮格上又跳又唱
挑戰人體的極限
　　　開創演唱會新紀元

水花朵朵　漫步其間
與歌迷融於水仗中

辣嗓傳唱　歌聲嘹繞
這一刻
　　　　不想停止
猶如
　　　「對你愛不完」
郭富城對台灣的回饋
台灣歌迷對郭富城的愛
今晚天地為鑑
你我沈醉在 ──
　　　　　　舞林正傳

我是不是該安靜的走開
還是在這裏等待
等你明白我給你的愛
永遠都不能走開……（註二）

註一：「對你愛不完」之部分歌詞。
註二：「我是不是該安靜的走開」之部分歌詞。

日月爭輝

作者及畫家簡介

狼跋

　　英文名字 France Yu，畢業於淡江大學中文系，曾任出版社編輯助理、特教老師，現於公家機關任職。曾參加 83 年高雄市政府舉辦之「愛河尋夢」徵文比賽，獲優等獎；現爲「中國詩歌藝術學會」、「紫丁香詩刊」及「黎明詩社」之社員。著「你的背影」、「日月爭輝」、「漫談三國演義」、「雍正王朝之我思」等詩及文章；另譯「聽」、「初雪」等英詩，分別刊登於自由、中華、青年等報社，及高屏澎牙醫師刊物、新北市牙醫師公會月刊、詩藝青空、詩藝飛揚、詩藝浩瀚、葡萄園詩刊、藝文論壇及紫丁香詩刊等刊物。

William Bridges（即 Bill）：

　　William Bridges is a poet whose work has been published in American magazines,chapbooks, and a recent 30-year collection, "The Landscape Deeper In"（VBWPublishing）. He is the retired director of the Pulliam School of Journalism at Franklin College.

　　威廉‧布立基茲是一位詩人，亦爲法蘭克林學院之新聞系退休主任。他的詩作曾刊登在美國雜誌社、詩集中，並將 30 年來的作品，收集成一本詩集："The Landscape Deeper In"（由 VBW 出版社出版），現仍持續創作。

畫家采言

英文名爲 Elaine Yu。台灣高雄醫學大學牙醫學士，安徽醫學大學口腔臨床碩士，目前於台北長青牙醫診所執業。2000年在紐約 FIT 進修油畫、人體素描及珠寶設計等課程，目前跟隨國畫大師歐豪年學水墨畫。曾爲高雄市國際美術交流協會會員，並於高雄中正紀念館聯展；1999 於高雄婦女新知協會舉辦第一次個展，2004 年於高雄新統一牛排館舉辦第二次個展，2010 於台北藝牙軒畫室舉辦第三次個展。作品曾刊登於高屏澎牙醫師刊物，目前皆刊登於新北市牙醫師公會月刊。